Explora Venus

Liz Milroy

ediciones Lerner ◆ Mineápolis

¡Escanea el código QR en la página 21 para ver Venus en 3D!

Traducción al español: copyright © 2024 por Lerner Publishing Group, Inc.
Título original: *Explore Venus*
Texto: copyright © 2021 por Lerner Publishing Group, Inc.
La traducción al español fue realizada por Zab Translation.

Todos los derechos reservados. Protegido por las leyes internacionales de derecho de autor. Se prohíbe la reproducción, el almacenamiento en sistemas de recuperación de información y la transmisión de este libro, ya sea de manera total o parcial, por cualquier medio o procedimiento, ya sea electrónico, mecánico, de fotocopiado, de grabación o de otro tipo, sin la previa autorización por escrito de Lerner Publishing Group, Inc., exceptuando la inclusión de citas breves en una reseña con reconocimiento de la fuente.

ediciones Lerner
Una división de Lerner Publishing Group, Inc.
241 First Avenue North
Mineápolis, MN 55401, EE. UU.

Si desea averiguar acerca de niveles de lectura y para obtener más información, favor consultar este título en www.lernerbooks.com.

Fuente del texto del cuerpo principal: Billy Infant regular.
Fuente proporcionada por SparkType.

Library of Congress Cataloging-in-Publication Data

The Cataloging-in-Publication Data for *Explora Venus* is on file at the Library of Congress.
ISBN 979-8-7656-0822-7 (lib. bdg.)
ISBN 979-8-7656-2327-5 (pbk.)
ISBN 979-8-7656-1245-3 (epub)

Fabricado en los Estados Unidos de América
1-1009454-51461-4/28/2023

Contenido

Todo sobre Venus — 4

La importancia del nombre — 10

La vida en Venus — 12

Estudiar a Venus — 16

Datos sobre los planetas — 20

Historia espacial — 21

Glosario — 22

Más información — 23

Índice — 24

Todo sobre Venus

Este planeta está completamente cubierto de nubes. ¡Estás en Venus! Es el planeta más brillante de nuestro sistema solar.

Este diagrama muestra el orden de los planetas en el sistema solar.

Venus es el segundo planeta del sistema solar. Está a unos 67 millones de millas (108 millones de km) del Sol.

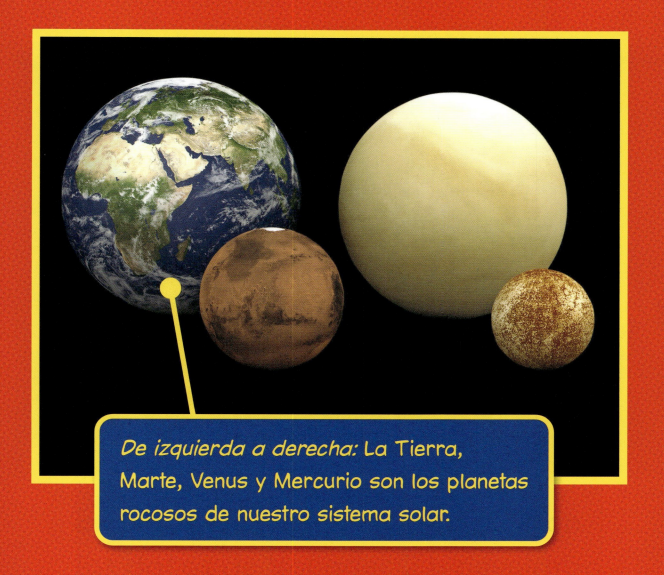

De izquierda a derecha: La Tierra, Marte, Venus y Mercurio son los planetas rocosos de nuestro sistema solar.

Como Mercurio, la Tierra y Marte, Venus se considera un planeta rocoso. Los planetas rocosos son más pequeños que otros tipos de planetas y son mayormente sólidos.

Venus y la Tierra tienen casi el mismo tamaño. Venus tiene un diámetro aproximado de 7521 millas (12 104 km), y la Tierra tiene un diámetro de 7918 millas (12 743 km).

Algunas veces se llama a la Tierra y Venus gemelos planetarios porque tienen casi el mismo tamaño.

El Sol tiene un ancho de unas 864 400 millas (1,39 millones de km). Venus entraría más de un millón de veces dentro del Sol.

Venus es mucho más pequeño que el Sol.

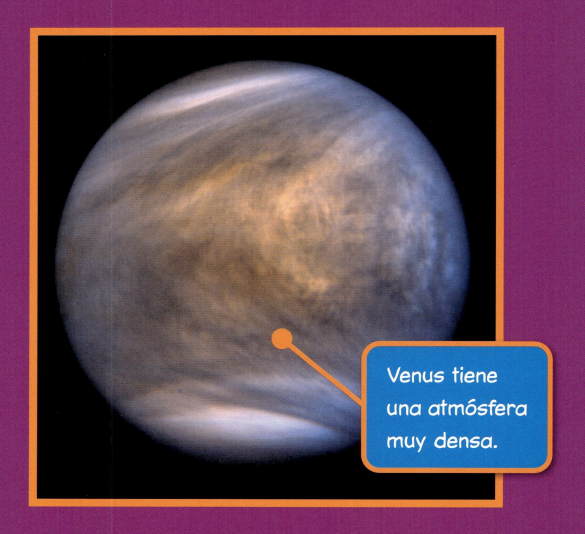

Venus tiene una atmósfera muy densa.

Venus es el planeta más caliente de nuestro sistema solar. Esto se debe a que su atmósfera realmente densa atrapa el calor. Su temperatura puede superar los 880 °F (471 °C).

La importancia del nombre

En la antigüedad, las personas notaron que Venus se veía brillante en el cielo nocturno. Le dieron su nombre por la diosa romana Venus, diosa del amor y de la belleza.

Diosa romana Venus

Venus puede verse desde la Tierra sin un telescopio.

Venus solo se puede ver desde la Tierra cerca del amanecer y del atardecer. Como Venus aparece por la mañana y por la tarde, las personas algunas veces lo llaman el lucero del alba y el lucero de la tarde.

La vida en Venus

Sería difícil visitar Venus. Su atmósfera está compuesta mayormente de dióxido de carbono y llueve ácido sulfúrico. No se puede respirar.

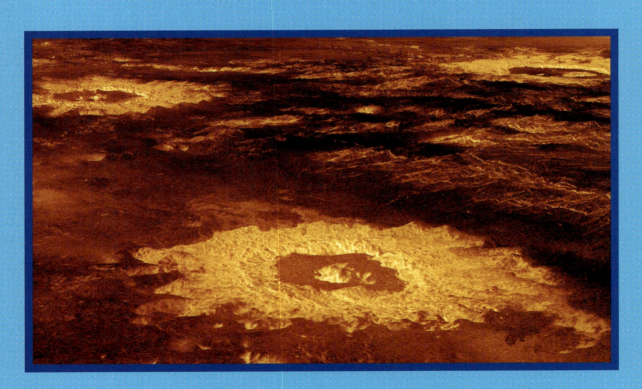

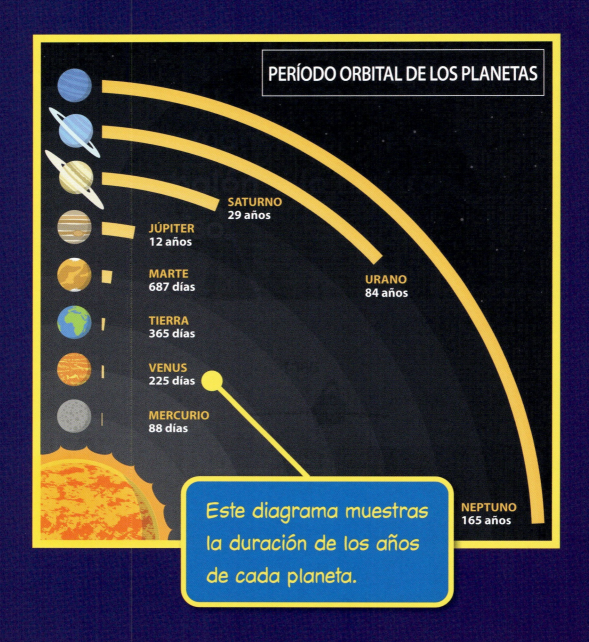

Este diagrama muestras la duración de los años de cada planeta.

En Venus, un día dura más de un año. Un día equivale a casi 243 días de la Tierra, pero un año solo tiene 225 días de la Tierra.

Desde la superficie de Venus, el Sol se elevaría en el oeste.

Venus gira en la dirección opuesta a la de la Tierra y a la de la mayoría de los otros planetas. En Venus, el Sol parece elevarse por el oeste y ponerse en el este.

La Tierra tiene estaciones porque está inclinada sobre un eje. La inclinación de Venus es tan pronunciada que el planeta está casi dado vuelta. Su inclinación extrema hace que no tenga estaciones y que gire hacia atrás.

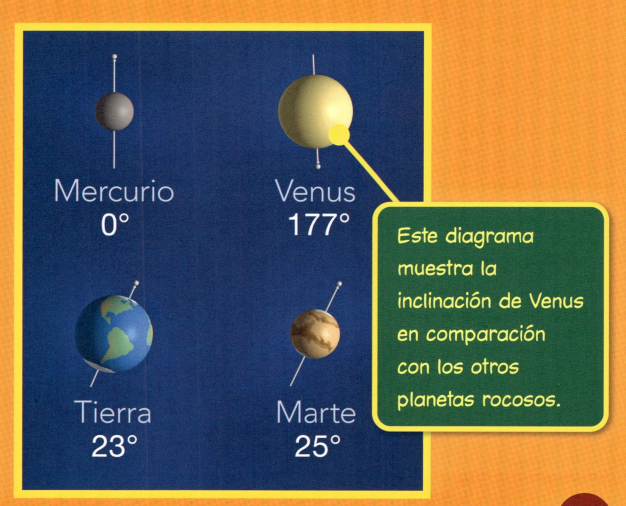

Este diagrama muestra la inclinación de Venus en comparación con los otros planetas rocosos.

Estudiar a Venus

El ambiente hostil de Venus ha destruido todas las naves espaciales que se apoyaron en su superficie. Pero los astrónomos siguen enviando naves espaciales para explorar Venus.

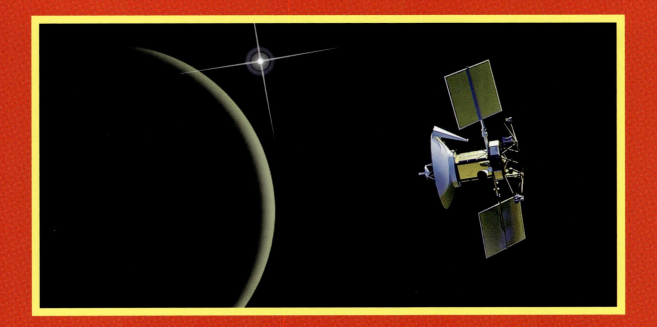

Venera 1 fue la primera nave espacial en volar cerca de Venus.

En 1961, Venera 1 se convirtió en la primera nave espacial en volar cerca de Venus. La nave espacial Magellan orbitó Venus desde 1990 hasta 1994. Fue la primera nave espacial que tomó imágenes de toda la superficie de Venus.

Akatsuki, una nave espacial japonesa, despegó de la Tierra en 2010. Llegó a Venus en 2015.

Akatsuki comenzó su viaje hacia Venus en 2010.

Este es un modelo a escala de Akatsuki.

Los astrónomos estudian las misiones como la de Akatsuki para aprender más sobre el clima de Venus. ¿Serás tú quien descubra más algún día?

Datos sobre los planetas

- Urano y Venus son los únicos planetas de nuestro sistema solar que giran hacia atrás.

- Como Venus está cerca de la Tierra y tiene casi el mismo tamaño, los primeros astrónomos pensaban que podría albergar vida extraterrestre. A estos habitantes inventados de Venus se les llamaba venusianos o venerianos.

- La mayoría de los cráteres de Venus tienen una milla (1,6 km) de ancho como mínimo. Eso se debe a que solo los meteoros grandes llegan a la superficie de Venus. Los más pequeños se queman antes de tocar el planeta y crear cráteres.

- Como Mercurio, Venus no tiene lunas.

Historia espacial

Venus está cubierto de cráteres, montañas y volcanes. La mayoría de los volcanes de Venus dejaron de erupcionar hace aproximadamente trescientos millones de años. Hace tanto tiempo de eso que ni los dinosaurios caminaban sobre la Tierra todavía. La mayoría de los cráteres, montañas y volcanes de Venus llevan el nombre de mujeres famosas de la Tierra.

¡Escanea el código QR a la derecha para ver a Venus en 3D!

Glosario

año: tiempo que tarda un planeta en orbitar una vez alrededor de su estrella

astrónomo: un científico que observa las estrellas, los planetas y otras cosas del espacio exterior

atmósfera: una capa de gas que rodea un planeta

eje: una línea invisible sobre la que gira Venus

nave espacial: una nave hecha por las personas para desplazarse por el espacio

órbita: el recorrido de un cuerpo alrededor de otro cuerpo

planeta rocoso: un planeta compuesto mayormente de rocas o metales. Mercurio, Venus, la Tierra y Marte son todos planetas rocosos.

sistema solar: nuestro Sol y todo lo que orbita a su alrededor

Más información

Goldstein, Margaret J. *Discover Venus*. Mineápolis: Lerner Publications, 2019.

Milroy, Liz. *Explora Júpiter*. Mineápolis: ediciones Lerner, 2024.

NASA for Students
https://www.nasa.gov/stem/forstudents/k-4/index.html

NASA Space Place: All about Venus
https://spaceplace.nasa.gov/all-about-venus/en/

Nichols, Michelle. *Astronomy Lab for Kids: 52 Family-Friendly Activities*. Beverly, MA: Quarry, 2016.

Índice

atmósfera, 9, 12

brillante, 4, 10

estaciones, 15

nave espacial, 16-18

planeta rocoso, 6

sistema solar, 4-6, 9, 20
sol, 5, 8, 14

temperatura, 9
Tierra, 6-7, 11, 13-15, 18, 20-21

Créditos por las fotografías

Créditos de las imágenes: NASA, pp. 4, 19; WP/Wikimedia Commons (CC BY-SA 3.0), p. 5; Lsmpascal/Wikimedia Commons (CC BY-SA 3.0), p. 6; NASA/Ames/JPL-Caltech, p. 7; NASA/SDO, AIA (CC BY 2.0), p. 8; Meli thev/Wikimedia Commons (CC BY-SA 4.0), p. 9; The J. Paul Getty Museum, Los Ángeles, p. 10; ESO/Y. Beletsky (CC BY 4.0), p. 11; NASA/JPL, pp. 12, 14, 16; Andramin/Shutterstock.com, p. 13; NASA/JPL-Caltech/Richard Barkus, p. 15; Armael/Wikimedia Commons (CC0 1.0), p. 17; Naritama/Wikimedia Commons (CC BY-SA 3.0), p. 18.
Portada: NASA/JPL.